广西全民阅读书系

广西全民阅读书系

董峻　傅晓航　著

吕雪乐　绘

# 世纪麦翁庄巧生

小学版

广西出版传媒集团　　广西科学技术出版社

**图书在版编目（CIP）数据**

世纪麦翁庄巧生 / 董峻，傅晓航著；吕雪乐绘 . —— 南宁：广西
科学技术出版社，2025.4. —— ISBN 978-7-5551-2425-2

Ⅰ . K826.3-49

中国国家版本馆 CIP 数据核字第 2025 C 7 N 374 号

SHIJI MAIWENG ZHUANG QIAOSHENG
世纪麦翁庄巧生

总 策 划　利来友

监　　制　黄敏娴　赖铭洪
责任编辑　罗　风
责任校对　苏深灿
装帧设计　李彦媛　黄妙婕　杨若媛　梁　良
责任印制　陆　弟

出 版 人　岑　刚
出　　版　广西科学技术出版社
　　　　　广西南宁市东葛路 66 号　邮政编码　530023
发行电话　0771-5842790
印　　装　广西民族印刷包装集团有限公司
开　　本　710 mm×1030 mm　1/16
印　　张　3.25
字　　数　47 千字
版次印次　2025 年 4 月第 1 版　2025 年 4 月第 1 次印刷
书　　号　ISBN 978-7-5551-2425-2
定　　价　19.80 元

如发现印装质量问题，影响阅读，请与出版社发行部门联系调换。

要跌打滚爬在麦田中，学会同小麦对话。

——庄巧生

　　他毕生从事小麦育种和遗传研究，主持育成 10 多个冬小麦优良品种，惠泽天下苍生。但是他却说，自己只是教人种麦的一名农夫。为国人吃饱、吃好操劳了大半生，他更愿意被人们称为"世纪麦翁"。

　　他，就是我国小麦遗传育种学科主要奠基人之一、中国科学院院士、著名小麦遗传育种学家庄巧生。

　　馒头、包子、饺子、油条、面包、饼干……这些各式各样的美味面点都来源于一种重要的粮食作物——小麦。作为一种世界性口粮，小麦是全球约四成人口的主粮。

　　曾几何时，能经常吃上白馍是许多中国人的梦想。但这个梦想，过去人们虽历尽沧海桑田却难以企及。如今，中国是全球最大的小麦生产国和消费国，小麦是国内仅次于水稻的第二大口粮作物，小麦品种完全自主、生产水平位居世界前列。

　　其中，就有庄巧生的卓越贡献。

　　福建省闽侯县是我国的著名侨乡，这里气候温和，群山连绵。1916 年 8 月 5 日，庄巧生就出生在闽侯县南屿镇五都村的一个农民家庭。

　　当时的中国正处于北洋政府的统治之下，各派军阀争夺政权，国家陷入分裂和动乱中，百姓生活困苦不堪，社会秩序濒临崩溃。

　　庄巧生小时候，经常被在家务农的祖母和母亲带到田间玩耍，农忙结束就跟家人回到老宅读书。那时候，村里水田众多，年纪大点的孩子都会帮家里干农活。

作为一个传统的农业国家，当时的中国，农民种地没有高产良种，更没有化肥、农药和农业机械，所以即使家有薄田，一亩农田每年也只能产出100多千克谷子，对于大部分人来说产不足需。

浸润在田野的清香、古宅的书香里，庄巧生自幼就了解农民生活的不易，懂得知识改变命运的道理。

好在除了农业，福建这个沿海省份商业贸易活跃，泉州、漳州、厦门自宋元以来就是重要的贸易港口。商人带回南洋的商品、银圆，也带回了南洋的信息。对于无法向土地讨得足够生活的人们来说，下南洋成了一条必选的生路。

庄巧生的父亲也是远赴南洋的其中一位。5岁那年，庄巧生和祖母、母亲一起，随同当小学教员的父亲一道来到印度尼西亚的苏门答腊岛，就读于当地华侨创办的民德小学。

　　和年幼的庄巧生玩得最要好的朋友是邻居一家三兄妹，他们的名字分别叫黄汉魂、黄汉威、黄汉英。这些富有爱国情思和英雄气概的名字都是他们父亲取的。

　　尽管那时候庄巧生还年幼，但仍能朦胧地领会到这些背井离乡到海外谋生、文化水平并不很高的华人满心的思乡之情和爱国情怀。

在南洋讨生活并不容易。1924年，庄巧生8岁时，一家人辗转又回到祖国，在福州城内定居。

那时候，正是中国新旧思想文化激荡碰撞的年代，新式教育理念和教育体系逐渐形成。1925年夏，庄巧生考上了一所由新潮人物创办的光复小学，在那里度过了短暂而快乐的学习时光。

　　学校里的老师热情、随和，时常组织大家唱歌或表演儿童剧。其中有一出儿童歌舞剧《葡萄仙子》，庄巧生在里面扮演了一只小兔子。

　　这出剧讲述了葡萄仙子在雪花、雨点、阳光、春风、露水 5 位仙子的拜访中发芽、开花、结果的故事，告诉孩子们冰雪能杀虫、春雨催发芽，以及阳光、温度、露水对于植物生长的作用。

　　庄巧生很喜欢这种学习方式，他每一次演出时都认真扮演好自己的角色。这在庄巧生心里，悄然种下了一粒认知植物和农艺的种子。

　　小学毕业后，庄巧生考入福州私立三民中学，然后又转至福州私立三山中学。当时，庄巧生一家四口仅靠父亲教书的微薄收入过日子。为给家里减轻负担，懂事的庄巧生更加勤奋地学习。

　　学校有规定，只要学习成绩排在前5名，就可以免去下学期的学费。庄巧生一刻也不懈怠，几乎每学期的学习成绩都排在班级前列。

当时的中国社会，已经形成重视数理化知识和英语学习的风气。庄巧生对化学、生物等学科都非常感兴趣，学习成绩也很好，在 1932 年福建省教育厅举办的福州市中学生生物学知识竞赛中，获得全省第二名的好成绩。

1934 年夏天，福建省教育厅公开招考第三届清寒学生大学奖学金，理、工、农、医各科仅有一到两个名额，这让家境贫寒的庄巧生看到升学的希望。他决意报考农科，最终以第二名的成绩得到了奖学金。

  1935 年 1 月，庄巧生考入南京金陵大学农学院，主修农艺，辅修植物。

  近代以来，中国相继创办了十多所教会大学。在当时的历史条件下，教会大学在体制、机构设置、教学计划、课程设置、教学方式乃至规章制度等方面，更直接地引进西方近代教育模式，在教育界和社会上产生了深刻影响。

  金陵大学就是其中之一。1910 年，金陵大学在南京成立，文、理、农三院并立，享有"江东之雄"的美誉，尤其它的农学院可谓中国农业科学的奠基石。

　　读中学时，庄巧生就刻苦学习，养成了坚韧、持之以恒的学习习惯，进入大学后他更意识到学海无边、勤可作舟。他觉得拿了奖学金，如果学习成绩不好就辜负了人们的期望，还有可能会丧失继续就读的机会。在这种思想的鞭策下，庄巧生更加努力上进，忘我地汲取专业知识。

　　正是在金陵大学的学习生涯中，庄巧生的视野日渐开阔，更加坚定了在农学上继续探索的决心。为解决天下黎民百姓温饱问题而努力，渐渐成为他的目标。

1937年夏，庄巧生和同学到齐鲁大学合作农场实习，参与小麦品种试验材料收获后的处理和谷子、棉花繁殖地的中耕除草等工作。这是他第一次接触到谷子、玉米、高粱、棉花等大田作物的田间管理。华北平原也是小麦的主产区，庄巧生在这里和小麦结下了缘分。

这一年，日本发动了七七事变，上海、南京等地战事告急。实习后返回南京的庄巧生目睹了日军飞机低空扫射无辜百姓的残暴行径，心中激起救亡图存的爱国热情，积极投身于伤病员救护活动。

迫于战乱，金陵大学农学院向西迁至四川成都华西大学。庄巧生和同学分散转移，途经武汉、宜昌、万县（今重庆市万州区）、重庆。他一路上不仅要面临日军的狂轰滥炸，还不能落下农艺课业。

在一派兵荒马乱的转移途中，庄巧生一边完成学校的自修课程，一边向沿途的农民讨教学习，把课堂上的知识融入田间实践，加深了对农业生产的直观认知和感受。

正是凭借这样刻苦、自律、坚韧的学习品格，1939 年 2 月，庄巧生以优异的成绩毕业于成都金陵大学农艺系，并膺选为斐陶斐荣誉学会会员，被授予金钥匙奖。这个学会是民国时期最重要的学术团体之一。

对庄巧生来说，金钥匙奖虽然只是一纸证书，并无奖金，但这是对他取得优异学习成绩的肯定，是一份千万重金也买不来的荣誉。

  1940年前后的中国正处于抗日战争最艰苦的时期，经济遭受重创、社会动荡不安。由于长期受到战争的影响，物资匮乏、食物短缺，大多数人甚至无法维持温饱，人民生活在水深火热之中。

  但是，这并没有挡住庄巧生执着农业科研的脚步。从金陵大学毕业后，庄巧生辗转于中央农业实验所贵阳工作站、湖北省农业改进所、鄂北农场……

  他跟随前辈农业科学家的步伐，认真观察、及时记载自己所承担的品种区域试验和保种材料在各生育时期的表现，积累了丰富的田间经验。

1944 年，抗日战争迎来转机。中国经历了十几年的黑暗时期后，黎明终于要到来了。

当时的国民政府决定招考并派遣一批各行业的科技人员去美国实习深造。庄巧生看到太多因战争和国家的积贫积弱给人民带来的苦难，认为科学救国是一条正确的道路，于是决定报考。

最终，他以第二名的成绩通过"中国战后复兴培训中层科技骨干计划"招考遴选，并在第二年赴美国堪萨斯州立学院实习，从此去国离乡，潜心求学。

　　到美国之后，庄巧生在堪萨斯州立学院制粉产业系主任谢伦伯格教授的指导下学习硬制小麦品质鉴定技术。这个系是当时美国高校中唯一设有制粉专业并拥有小麦制粉厂的系，美国联邦硬质小麦品质实验室就设在这里。

　　庄巧生学习了从小型实验制粉、简便实用的间接检测品质技术到实验面包配方、面包烘烤技术及其评价标准等一系列新技术，掌握了相关食品设备的操作方法。

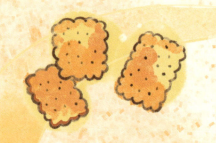

通过学习，庄巧生了解到，制作不同面食所需要的小麦品种、栽培方式不同，对小麦加工品品质的评价会因终端用途的要求而不同。

比如，制作各种不同面食所需要的面粉的蛋白质含量和面筋强度都有所不同。如果要做出口感松软、有弹性的面包，就要用蛋白质含量高、面筋强度高的高筋面粉；如果要烘烤酥脆的饼干或者松软的蛋糕，就需要蛋白质含量低、面筋强度低的低筋面粉。

这些从未接触到的新知识给庄巧生打开了一扇新的窗户，让他认识到品质检验与研究在品种改良中的重要性。

庄巧生想方设法收集与此有关的文献，为的是填补国内这一研究领域的空白。回国时，他带回了数以百计的相关研究文献。

那时候的他还不知道，自己引入国内的这项研究将为中国人从吃饱到吃好打下基础。

　　时光荏苒，今天的中国早已解决了温饱问题，人们更关心的是吃得好、吃得健康。在中国人的餐桌上，面包、蛋糕等西点出现的频率越来越高。

　　于是，小麦科研工作者在不断研究更高产量的小麦新品种的同时，还有了一项新的任务——培育优质的专用小麦品种。几十年来，小麦育种、栽培等领域的科研工作者培育出一批强筋和弱筋小麦品种，并研究出与之相匹配的栽培方式，打破了我国高档西点生产长期依赖进口小麦的局面。

在河南、山东等小麦生产大省，面粉加工企业和食品企业纷纷兴起，催生出生机勃勃的小麦全产业链。如今，中国的专用小麦品质完全可以和进口小麦相媲美。

这些成绩，离不开庄巧生在美国收集的大量文献，更离不开在他的倡导下中国小麦科研工作者几十年如一日的不懈努力。

20世纪80年代，庄巧生筹建了小麦品质实验室，并开展了"我国小麦主要优良品种的面包烘烤品质研究"。

　　但在经历了长期战乱和社会动荡的中国，面粉品质并不是小麦科研工作者首先要解决的问题，因为一日三餐能吃饱才是几亿中国人最关心的问题。当时，小麦研究的重点目标是为了应对饥饿，小麦科研工作者的主要精力是解决小麦单产过低的问题。

　　1946 年，抗日战争虽已取得胜利，但祖国仍在危难之中。一名名中国科研人员义无反顾，付出自己宝贵的科学智慧，力图在满目疮痍的国土上重建家园、振兴中华。许多人从海外学成归来，扶大厦于将倾，庄巧生便是其中一员。

　　1946 年 8 月，庄巧生回到南京中央农业实验所。同年 10 月，他被派到北平（今北京）农事试验场担任技正兼麦作杂粮研究室主任，主持小麦育种课题。麦作杂粮研究室就是中国农业科学院作物科学研究所的前身。

　　从那时起，庄巧生真正开始了小麦品种改良和育种研究的职业生涯。这一干，就是 70 多年。

克服设备缺乏、经费微薄、人员不足、战争影响等困难后，庄巧生很快就在前人的研究基础上培育出高产的冬小麦品种并推广种植，让贫苦的农民在战乱的年代也能提高收成。

但是，真正让农业科学家迸发出科技生命力，使优质小麦品种得以被农民广泛种植，小麦产量大幅提高，则是在中华人民共和国成立之后的事。

受战争和自然灾害的影响，中华人民共和国成立之初，包括农业在内的各行各业都百废待兴。中央和地方相继出台了一系列政策，把改进和推广农业生产技术作为恢复和发展农业生产的重要措施，各地掀起恢复和发展农业生产的热潮。

此时的庄巧生对未来充满期望，决心要用自己所学为实现天下苍生俱饱暖而努力。

　　1952年5月，庄巧生主动报名参加了由中国科学院组织的西藏考察队农业科学组。这次考察的目的之一是研究在青藏高原种植小麦的可能性。由于时间紧迫，庄巧生等人来不及做什么特别的准备，只带了一些生活必需品和冬小麦种子就进藏了。

　　那时候进藏的交通十分不便，庄巧生一行经常只能靠着两条腿步行考察，每天走十几里路，风餐露宿，基本上都是住帐篷。碰到有部队驻防的地方，他们就停下来讲授一些必要的农业生产知识，帮助部队解决蔬菜和副食品的供给问题。

　　1953 年，庄巧生在西藏拉萨河谷的拉萨农业试验场进行农作物试验工作时，发现拉萨河谷的气候条件并不像人们想象的那样差。

　　经过两年努力，庄巧生等人成功进行了冬小麦等农作物的引种试验。他带领研究团队刻苦钻研，第一次提出在拉萨河谷和年楚河谷海拔 3700 米左右的农区可以种植生育期长、丰产潜力大的冬小麦品种，打破了历史上在海拔 3000 米以上无法种植冬小麦的"禁区"。

　　这一观点，为后来引入原产于西北欧的晚熟品种"肥麦"并在西藏自治区推广种植打下了基础。

世纪麦翁庄巧生

多年来，庄巧生总是怀着深沉的报国情怀和执着的科研热情，带领课题组成员专心致志地培育抗病、高产的冬小麦新品种。特别是中华人民共和国成立之初发生的一场意外，让庄巧生深刻认识到培育抗病品种的重要性。

1950 年春，华北小麦长势喜人，人们欢欣鼓舞地期盼着夏粮的丰收。然而，一场严重危及小麦生产的病害——条锈病悄然发生。

当时，河北省 104 个县的麦田均被条锈病危害，全国小麦则减产了 600 万吨，据估算相当于当年全国夏季征粮总量。当时有农业专家认为，因条锈病导致的小麦减产，相当于全国每 3 个馒头中就少了 1 个。

在所有的小麦病害中，条锈病是最可怕的一种。这是一种由真菌感染导致的严重病害，长期危及冬麦区，被人们称为"小麦癌症"。

这场自然灾害给庄巧生的小麦育种工作带来很大影响，使得他为生产上提供新品种的计划推迟了好几年。

　　看着一片片因条锈病肆虐而减产甚至几乎绝收的麦田，庄巧生暗暗下定决心，把抗锈育种列为小麦品种改良的首要任务。

　　庄巧生和他的科研团队很快便从沉重的打击中振作起来。他们从外国小麦品种材料中选择了一些农艺性状好、抽穗相对较早的品种，用于与中国本土的优良品种进行杂交试验。

世纪麦翁庄巧生

农作物育种是一项投入大、风险大、收益却可能不大的工作。育种工作单调枯燥，年复一年，还常常受制于气候、土壤等综合性因素。因此，不少育种者一生都难选育出一个叫得响、推广得开的新品种。

就小麦育种来说，平均最快也要花8年时间才能育成一个新品种，在试验田里进行检验又要至少3年时间。而小麦条锈病的病原体平均每5.5年就能产生一个新变种，这对培育抗病新品种工作无疑是一项巨大挑战。

努力付出终有收获。在接下来的10多年里，庄巧生带领科研团队陆续选育出"农大311""北京8号""北京15号""济南2号""郑州17号""农大139""农大155"等小麦抗锈良种。这些良种抗条锈病效果十分显著，在生产上得到广泛应用，种植面积不断扩大。

　　在提高抗病性状的同时，小麦新品种的培育目标还包括提高单产水平，增强抗倒伏、抗干旱等性状。今天，在河南、山东、河北等 10 多个小麦主产省份，几乎都广泛种植着庄巧生等农业科研工作者培育出来的高产、矮秆、抗逆的优质小麦品种。

　　全国小麦播种面积从 2000 年的 2665 万公顷减少到 2024 年的 2359 万公顷，但总产量却从 9964 万吨增长到 14010 万吨。这背后离不开小麦单产水平的进一步提高：2024 年，全国小麦平均亩产超过 395 千克，而世界平均亩产为 200 千克。

　　端牢中国饭碗，要先攥紧中国种子。

　　小麦增产的一大"法宝"，就是以庄巧生等为代表的几代中国农业科研工作者持续付出的大量汗水和无尽智慧。这群辛勤耕耘的人们，为保障国家粮食安全发挥了不可替代的重要作用。

　　每年，在小麦生长发育的关键季节，庄巧生总是起早贪黑地在试验田里观察记录，尽可能详细地了解育种材料遗传变异的全过程，重点考察有苗头的材料和有望在生产上应用的新品种。这个习惯，他一直保持到80多岁高龄，从未间断。

　　有一年早春，工作人员下班前没有给土温室的小麦育种材料盖上用于保温的草栅。当晚10点，庄巧生听到天气预报说将有大风降温，立即从家里骑车赶到十几里外的试验田，叫上工人师傅一同把草栅盖好，忙碌完回到家时已经是后半夜了。那一年，庄巧生已年逾花甲。

世纪麦翁庄巧生

世纪麦翁庄巧生

40

　　2022年5月8日，庄巧生因病去世，享年105岁。

　　庄巧生的家在北京，中国农业科学院宿舍。从他家的阳台向外望去，就是北京市三环内唯一的一片农田——中国农业科学院的试验田。直到今天，这片被称为"全北京最珍贵"的农田，每年夏季时黄澄澄的成熟小麦都会引来很多人参观。

　　在这片庄巧生摸爬滚打了大半辈子的麦田里，人们仿佛望见这位"世纪麦翁"在金色麦穗中俯首拾穗、颔首微笑。

41

　　"我一生只做了两件事：一是育成十来个优良小麦品种在生产上应用；二是编了几本与小麦或育种有关的专著，为国家科技事业留下一些历史记录，仅此而已，微不足道。"对于自己的一生，庄巧生这样评价。

　　回顾过去，当我们吃着香喷喷的白馍、面条和点心时，感恩之情油然而生。庄巧生等老一辈农业科研工作者坎坷而不凡的一生激励着年轻一代发愤图强、赓续前行。

　　展望未来，随着人口不断增长、资源消耗不断加剧，科技将支撑起中国农业发展的重任，而育种技术则是农业科技殿堂里的王座。小麦丰收的欢歌，将在农业科研工作者的演奏下，继续在广阔田野中激荡飘扬。

## 延伸阅读

### 如何区分小麦和水稻？

对没有种地经验、至少没有近距离观察过小麦和水稻的人来说，两者确实有点难分清。毕竟，小麦和水稻都是禾本科植物，从萌芽生长的青青禾苗到结实收获时的金色农田，两者看起来都差不多。

首先，从种植区域来看。在中国，小麦主要生长在气候温和的华北平原。水稻则有两大产区，一是比华北平原热的长江中下游地区及东南沿海省份，二是比华北平原冷的东北地区。如果你所在的地方是上面提到的这些区域，那么可以先初步进行判断（但并不是绝对的，因为水稻和小麦的种植范围非常广泛）。

其次，从生长环境来看。水稻，顾名思义就是生长在水里的稻谷。如果你在一片水田里看到的农作物，基本上就可以判断它是水稻，毕竟小麦不需要长期在水里生长。但是，水稻也并不是在所有生长阶段都生长在水里，比如收获时就需要农田干爽，不然收割机无法下地作业。

最后，也是最重要的依据，是从两者的籽实来看。稻穗成熟饱满时会沉甸甸地"弯下腰"，但麦穗却不会这样。麦穗顶端的麦芒直直向上，一不留神皮肤被划到的话还会有点疼，而水稻的芒要短小和柔软得多，有些品种甚至已经看不见芒。以后你要是听到有人用"成熟的麦穗会弯下腰"来形容谦虚品质，那就可以断定这个人没有分清水稻和小麦了。

### 小麦的起源和流变

10000 多年前，栽培小麦作为一种农作物在西亚起源并逐渐扩散，是世界上最古老的农作物之一。距今 5200 年前后，小麦从西域传入中原，从此逐渐走上中国人的餐桌。

小麦能为人们提供约21%的食物热量和20%的蛋白质，与水稻、玉米、薯类并称为世界四大粮食作物。全球大约四成人口的主粮是小麦。小麦是人类赖以生存的一种重要食物，在全球粮食消费、库存、贸易中占有极其重要的地位。

小麦是中国居民的第二大口粮（口粮就是满足人们最基本能量需求的粮食），特别是北方地区的人们，大多以小麦为主粮。

尽管东西方以小麦为主制作的食物加工方式差异很大，但都品种繁多。比如西方的品种有面包、比萨、意面等，而东方的品种则更多——蒸制的馒头、包子，煮制的水饺、面条，炸制的油条、油饼，煎制的烙饼、馅饼……其他粮食如水稻、玉米、薯类，虽然也可加工成各类食物，但远不如小麦磨成面粉后做成的食物种类多。

从东方烹饪方式中的蒸、煮、煎、炸，到以烧烤为代表的西方烹饪方式，小麦都是变化多样的粮食品种。独特的面筋特性使其适合加工成各种食品，因此以小麦粉为原料制作的面食是人们不可或缺的能量和营养来源。

## 小麦面粉为什么能做出千变万化的面食？

小麦中约含有13%的蛋白质，其中的麦醇溶蛋白具有延展性，而麦谷蛋白具有弹性，两者吸水后会形成网络结构的软胶（就是我们常说的面筋），从而使面团具有优良的延展性和弹性。这种特性让馒头、面包在发酵过程中形成疏松多孔的结构，易于消化，同时让面条口感筋道。

大米虽然也能做成米粉，但是米粉的弹性比起面条就差远了，因此能够加工出的花样没有小麦的多。

简单地说，由于小麦中独特的蛋白质构成，其磨粉加工后制成的面团更适合用来塑造各种各样形态的食物。

## 国产小麦是什么时候满足中国人的消费需求的?

　　小麦虽然传入中国已经数千年,但其产量一直以来并不能满足人们的消费需求。中华人民共和国成立之初,全国小麦平均亩产只有不到50千克,人们不能完全指望小麦保障主食供给,因此高粱、小米、薯类、豆类等在餐桌上的比重远远高于现在。

　　直到1997年,中国的小麦产量才超过居民消费量,进口量显著减少。

　　21世纪以来,连年丰收的中国不断刷新着小麦产量的世界纪录,国内小麦产量已经完全能够满足消费需求。如今,中国人消费的小麦99%以上都是国产的。